Gestión Del Tiempo

Cómo organizar mejor su tiempo, trabajar más duro y evitar la procrastinación

(Su plan para mejorar la gestión del tiempo y aumentar el éxito)

Alejandro Puerto

TABLA DE CONTENIDOS

La Relevancia Del Manejo De Energía 1
Fijación De Objetivos 15
Habilidades De Manejo Del Tiempo: 26
Mejorando La Gestión Del Tiempo En La Oficina ... 35
Gestión De Proyectos Y Control Del Tiempo 45
El Arte De Dar Prioridades 52
Comprendiendo La Ley De Parkinson Para Sacar Provecho De Ella. 58
Gestión De Tiempo Laboral 65
Use La Matriz De Eisenhower Para Dar Prioridad A Sus Proyectos Y Tareas. 77
Administrar El Tiempo Haz Una Lista 84
Administración Del Tiempo: Fijación De Metas_____ 109
¿Qué Es Lo Más Significativo? 123

La Relevancia Del Manejo De Energía

Hablé extensamente sobre la importancia del tiempo y la necesidad de gestionarlo correctamente, reservando suficiente tiempo para uno mismo. Es hora de reconsiderar y decir que la gestión del tiempo no es tan crucial como se cree.

Existen otros factores en juego que tienen un papel más significativo de lo previsto.
Uno de los factores es la energía. Energía y tiempo están relacionados, pero son entidades independientes que deben considerarse por separado.
Realmente ha pasado mucho tiempo. La mayoría disponemos de suficiente tiempo; ¿cómo logró ver todas sus series de TV recientemente? ¿Cuándo dejó de ver televisión basura?

Incluso los más ocupados encontramos tiempo para dormir.

La gestión del tiempo ha funcionado sin la gestión energética hasta ahora. Si no administra su energía, terminará cada día sintiéndose completamente agotado al regresar a casa. Tal vez tenga tiempo para ejercitarse, estudiar y disfrutar en familia; pero tal vez esté tan ocupado con trabajo y otras cosas que no lo use de manera productiva.

Chocamos frente al televisor y no vivimos al máximo. Nuestros cuerpos se adaptan y se vuelven menos eficientes, haciéndonos más cansados y menos enérgicos. Nuestras células pierden mitocondrias y disminuyen su capacidad para convertir la glucosa en energía aprovechable.

Muchos ignoran este punto. La energía es una cantidad finita que muchas veces se olvida.

Un buen ejemplo es cuando alguien piensa en una rutina de ejercicio para mejorar su condición física. Observan que pasan algunas horas nocturnas viendo Game of Thrones al revisar su estilo de vida actual. Añadir una hora de ejercicio nocturno no debería ser complicado ... ¿verdad?

Así, idean un programa de capacitación ambicioso que esperan que genere rápidos resultados. Esto implica frecuentemente 5 horas semanales de correr y levantamiento de pesas, con una sola ida y vuelta diaria al gimnasio por sesión. Reducirán los carbohidratos al mismo tiempo.

Esto puede parecer impresionante teóricamente, pero en la práctica... ¡es completamente delirante!

Si no hace suficiente ejercicio, es posible que se sienta fatigado, sin energía y estresado por el trabajo. De ser diferente, sería más activo en las tardes.

Si no puede hacer algo por la noche actualmente, ¿cómo espera agregar 5 horas de actividad intensiva? ¿Además de conducir mucho? ¿Y todo ello consumiendo menos hidratos de carbono, que nos aportan energía?

¿Observa el problema aquí?

El tiempo es útil solo si se utiliza con energía, pero es inevitable necesitar descansar y recuperarse. La mayoría de nosotros no podemos permitirnos pasar menos tiempo relajándonos por la noche, aunque sea su plan. Esta premeditado. La recarga de energía es obligatoria.

Esto le da dos posibilidades:

1. Encuentre maneras de aumentar su energía para maximizar su productividad diaria.

2. Elimine otras tareas de su rutina para tener más tiempo y energía para hacer ejercicio o cualquier otra actividad que sea importante para usted.

El segundo capítulo detallará formas de reducir y priorizar en mayor medida. En la próxima sección, cubriremos el primer punto y analizaremos la forma de aumentar la energía para usar en el ejercicio y otras actividades.

Aumentar la Energía

El éxito depende totalmente de la energía.

Las personas más exitosas del mundo son disciplinadas y trabajan duro para lograr sus objetivos. Dwayne 'The Rock' Johnson es un gran ejemplo de esto. The Rock fue de ser un luchador exitoso a convertirse en un actor y figura de las redes sociales de gran prominencia mediante su éxito.
Su éxito se debe a su ética laboral, su energía y entusiasmo evidentes. En video no se percibe su previa apatía o falta de interés. Según su Instagram, se despierta a las 4 de la mañana diariamente para ir al gimnasio.
Puede observar la misma disciplina y entusiasmo en alguien como Arnold Schwarzenegger.
¿Cuál es la fuente de esta disciplina y entusiasmo? Con energía, logras tus

objetivos antes que los demás y conviertes tus sueños en realidad.
¿Cómo mejorar la energía de su cuerpo? Estas son algunas ideas...

Ejercicio

Hacer ejercicio es una de las primeras acciones para aumentar los niveles de energía. El ejercicio demanda mayor energía en menos tiempo debido a las exigencias aeróbicas impuestas en el cuerpo. El cuerpo se ve obligado a adaptarse para mejorar la liberación de glucosa en la sangre, siendo más eficiente y efectivo. Generas mayor cantidad de mitocondrias, aumentas el grosor de tus venas y fortaleces tu corazón.

El reto es iniciar un entrenamiento cuando se siente cansado/a. Trataremos esto más adelante (con entrenamientos de 10 minutos realizables en cualquier lugar), pero evita un cambio brusco al principio.

Dormir

Dormir es una herramienta crucial que puede ser utilizada para aumentar niveles de energía y mejorar la productividad, a menos que se sea como The Rock que hace ejercicio a las 4am todas las mañanas. La mayoría de nosotros no le damos a nuestro sueño la atención necesaria y, por lo tanto, siempre estamos corriendo con poco combustible. El sueño ayuda a la recuperación del cuerpo y la mente, al crecimiento de nuevos tejidos y a la formación de conexiones neuronales. La falta de descanso causa aturdimiento, letargo, mal humor y falta de concentración. También pueden producirse dolores de cabeza.
Dé prioridad a su sueño. Honre su sueño y mantenga un horario de 8 horas de sueño regular.
Evite prolongar su vigilia innecesariamente cuando se sienta agotado y vaya a dormir para aprovechar mejor su tiempo mañana. Si

no puede hacer ejercicio o actividades físicas, está gastado.

Dormir adecuadamente y ser consistente puede impactar notablemente tu bienestar y desempeño. Pero existen opciones para aumentar las oportunidades de descanso. Por ejemplo:

Compruebe que su cama sea cómoda.

Tómese treinta minutos libres de pantallas y realice actividades como leer o escribir antes de dormir.

Verifique que su habitación esté totalmente sin luz.

Tómese un baño o ducha tibia antes de dormir para relajar los músculos y regular su temperatura corporal.

Mantenga su habitación fresca para promover un sueño profundo.

Luz

La luz natural también nos proporciona energía. Es una lástima que muchas personas pasen tanto tiempo en una oficina, frente a la computadora.

Exponerse a la luz solar durante el día recargará tus energías como Superman. Lo beneficiará al mejorar sus ritmos circadianos y, así, asegurarse de dormir mejor por la noche.

La luz influye en nuestras hormonas y en la síntesis de vitamina D, aumentando nuestra energía y estado de ánimo. En la mañana, la luz solar natural ayuda a nuestro cuerpo a despertar mediante el lavado con cortisol y óxido nítrico.

La forma en que configuramos fuertes alarmas para despertar por la mañana es uno de los peores aspectos de la vida moderna. El cambio abrupto del sueño profundo a la vigilia causa inercia del sueño y estrés matutino. Si la habitación está oscura al despertar, su cuerpo le indicará volver a dormir.

Entonces, invierta en una lámpara de luz diurna. Esta lámpara emite luz con una longitud de onda similar a la del sol. La habitación se llenará gradualmente de luz por la mañana, lo que lo ayudará a despertar en una etapa más superficial del sueño.

Regula los ritmos circadianos y contrarresta el "SAD". En una habitación atractiva y luminosa, se despierta al sonar la alarma.

Esto tiene un gran impacto en cómo comienza su día... ¡así que pruébelo!

Energía y Disciplina Mental

El estrés consume gran cantidad de energía. El estrés provoca la producción de hormonas, como adrenalina y norepinefrina, que afectan al cuerpo y la mente. Termina agotado al final del día por enfocarse y dedicar energía en exceso a cosas innecesarias.

Discutiremos el estrés más tarde, pero ahora note que todo es más fácil sin estrés. Si aprende a manejar el estrés a través de meditación, TCC u otras técnicas y a controlar las situaciones que le afectan, tendrá una vida más fácil y menos agotadora.

Aprenda a elegir sabiamente las batallas y cuándo actuar de manera contundente. Ignorar el cansancio y despertarse también es importante. Si nos rendimos por el cansancio, resulta abrumador. Al reconocer que es solo un sentimiento y dar energía, a menudo se puede despertar de nuevo.

Nutrición

Mejorar su nutrición es una de las mejores y más fáciles formas de obtener más energía. "Comer los ingredientes adecuados mejora la eficiencia energética, por lo que la nutrición es crucial para obtener energía".

Por ejemplo, ¿sabía que el ajo tiene nitritos? Estos ensanchan los vasos sanguíneos y aumentan el flujo de sangre en el cuerpo.

La vitamina C y el triptófano son precursores de la serotonina, ¿sabías? Comer alimentos ricos en vitamina C ayuda a crear hormonas de felicidad y fortalece el sistema inmunológico para combatir enfermedades y sentir más energía.

"La creatina presente en carnes rojas recicla el ATP consumido". Esto incrementa nuestra energía para levantar pesas y otras actividades antes de recurrir al sistema aeróbico en el cuerpo. La eficiencia mitocondrial se incrementa mediante la presencia de coenzima Q10 en la carne roja.

PQQ, leutina, resveratrol y l-carnitina pueden aumentar la eficiencia mitocondrial y se encuentran en una dieta equilibrada y saludable. Las mitocondrias son las responsables de nuestra energía, y se cree que son la razón por la cual los niños tienen más energía que los ancianos.

El complejo B ayuda al cuerpo a obtener más energía de la glucosa y el azúcar. Nos ayuda a aumentar la producción de glóbulos rojos, lo que mejora la circulación de oxígeno en el cuerpo, al igual que el hierro.

La bromelina es una enzima digestiva presente en la piña. Esto aumenta la eficiencia digestiva y mejora la absorción de nutrientes de los alimentos. Se cree que la bromelina aumenta la testosterona, lo que provoca un aumento de la masa muscular y una disminución de la grasa, simultáneamente. La absorción de vitaminas liposolubles mejora con la ingesta de grasa saturada.

Podría continuar infinitamente. Puede tomar un suplemento vitamínico para mejorar su salud. Es preferible obtener los nutrientes de forma natural a través de la dieta. Descubrirá que su cuerpo absorbe y utiliza nutrientes mejor, lo que mejora su energía y salud.

¿Cómo mejorar su salud rápidamente de manera fácil? Solo tome un batido para ir al trabajo.

Fijación De Objetivos

¿Cuáles son sus objetivos? ¿Cuáles son tus metas realmente? ¿Deseas bajar 5 kilos, mejorar el brillo de tu cabello, conquistar al chico atractivo de tu clase de álgebra o obtener una calificación sobresaliente en cestería?

Establecer objetivos es crucial y previene distracciones de la meta.

¿Por qué establecer objetivos? La diversidad en la vida es enorme. En todo momento, existen innumerables actividades que puedes realizar. "Mientras conduces, puedes hacer una variedad de maniobras y paradas". Pero, ¿por qué no logras llegar a Alaska cuando manejas tu auto? ¿Por qué no terminas en lugares aleatorios siempre? Te subiste al coche con una meta en mente. Lo sabías al principio.

La vida es igual. Si tienes una meta clara, es más probable que la alcances. Llegarás al final, aunque haya desvíos y retrasos. Sin dirección clara, el éxito puede ser difícil de alcanzar.

Puedes dividir tus objetivos en diferentes marcos temporales. No es obligatorio tener respuestas definitivas a esas interesantes preguntas sobre tu carrera después de graduarte, ya que es probable que tus metas evolucionen con el tiempo. Ahora, solo piensa en varios objetivos para empezar. Haga una lista de objetivos antes de continuar la lectura.

Revisa tus metas. ¿Cuántas tareas que planeas hacer hoy ayudan a alcanzar tus metas? ¿Las está trabajando activamente?

¿Estás postergando alguno de ellos? ¿Qué cambios necesitas hacer para lograr esos objetivos laborales?

Dividir los objetivos en partes manejables puede ser útil. Divide los objetivos en subobjetivos manejables una vez que los hayas establecido. Dividir los objetivos en partes permite progresar de manera gradual y evitar posponer su logro.

Pensemos en conseguir un título como ejemplo. Este objetivo se puede desglosar en cuatro subobjetivos. Completar con éxito un año del programa es el objetivo de cada subobjetivo. Los subobjetivos pueden dividirse en cursos separados para cada año. Los cursos constan de evaluaciones como pruebas, exámenes, trabajos y otras actividades en las 13 semanas de cada trimestre.

Divide tu semana en días y piensa en cómo pasarás cada hora y minuto en clases y haciendo las tareas para hoy.

Pensar en tus objetivos de manera convergente refuerza la idea de un camino conectado que vincula tus acciones actuales con la consecución de tus objetivos, aunque puede ser un reto abarcar todo su alcance. Observar estas conexiones te permite monitorear tu avance y determinar si estás progresando adecuadamente. Reflexiona en tus metas y segmenta en objetivos más pequeños.

Prepara mentalmente tu lista de objetivos. Ver los pasos hacia tu meta aumenta la posibilidad de lograrla.

Los deportistas exitosos visualizan repetidamente sus acciones en un partido antes de su inicio para alcanzar su máxima eficacia.

Al enfocarse exclusivamente en alcanzar una meta, se puede descuidar el proceso y no disfrutar del camino. Disfrutamos más de la vida cuando encontramos satisfacción en nuestros esfuerzos inmediatos en lugar de pensar en lo bonito que va a ser cuando finalmente lleguemos a nuestra meta lejana.

Disfrutamos más del viaje si nos interesamos por los lugares emblemáticos del camino en vez de solo aguantar el trayecto hasta llegar al destino.

Explorar el contenido más allá del mínimo requerido en una clase nos hace disfrutarla más que simplemente aprobarla con lo mínimo.

No establezcas objetivos poco realistas ni tengas demasiados para lograr, evita cometer este error. Solemos hacerlo al comienzo del semestre. Nos desalentamos al notar que no disponemos del tiempo ni la fuerza para alcanzar nuestras metas.

Es esencial reconocer nuestros límites físicos, mentales y emocionales al fijar metas realistas.

Con tus metas claras, sigue el camino hacia su logro. Eso comienza con el tiempo. Descubramos cómo ser conscientes de nuestro tiempo disponible.

5 motivos por los cuales no alcanzamos nuestras metas en ocasiones

¿Te has preguntado por qué no logras lo que deseas a veces? No estás solo si lo has hecho.

Las personas establecen objetivos en su trabajo, relaciones y empresa, pero no los cumplen.

Trabajando con personas de diversas edades y profesiones, descubrí las 5 principales razones detrás de esto.

La mentalidad es la principal razón por la que muchas personas fracasan.

Habitualmente menciono la historia del bebé elefante atado a una estaca en mis charlas y cursos.

El elefante está encadenado desde joven y no puede liberarse. El elefante puede liberarse de la cuerda y arrancar la estaca al crecer.

Una vez que el elefante ha sido entrenado para pensar que no puede escapar de la cuerda que lo mantiene atado, cuando se hace lo suficientemente fuerte para sacar la estaca del suelo, no intenta escapar.

De cierta manera, así es como muchos vivimos nuestra vida.

Nuestra mentalidad es la única limitación a superar. El elefante tiene esa mentalidad debido a haber estado atado desde su infancia.

¿Cuál es el origen de nuestra mentalidad? Básicamente de nuestras percepciones sensoriales. Lamentablemente, es común tener malos modelos de conducta y mentores desde la infancia. Las metas pueden ser incompatibles con modelos en nuestro entorno cercano como el Gobierno, nuestros amigos o familia.

A los diez años, en mi familia se pensaba que ganarse la vida era difícil y requería mucho esfuerzo. Esto es verdadero en parte.

El negocio familiar tuvo momentos terribles. Anteriormente, creía que la vida era complicada siendo adulto y evitaba enfrentar situaciones similares a las que ellos experimentaban.

Lamentablemente, esa fue mi lección. ¿Estaba seguro de que era así para todos? Quizás les afectó a ellos por alguna razón, pero de niño no cuestioné su validez y la acepté sin más.

Desde la infancia, ese condicionamiento se integra en nuestro aprendizaje sin que nos demos cuenta.

Aplica esto a algo que hayas aprendido o defiendas sin cuestionarlo. No puedes estar seguro al 100% de esa afirmación. Y aún si lo estás, ¿puedes confirmar la fiabilidad de la fuente de información?

Nuestros pensamientos nos limitan para alcanzar nuestras metas. No te involucres en esta causa, es muy importante.

Hasta el día de hoy, recuerdo haberlo comprendido claramente. Un día, cansada de la mala suerte y a punto de perder mi trabajo, me pregunté por qué esto me estaba sucediendo a pesar de mi popularidad, vida social activa y buena educación.

Cuando comencé a investigar lo que estás aprendiendo aquí, todo cobró sentido de repente.

Me di cuenta de que podía cambiar mi presente sin culparme por las experiencias del pasado que me condicionaron y que no elegí.

Mi forma de pensar fue moldeada por mis experiencias, lo que me otorgó libertad y motivación para aprender más y alcanzar mejores resultados.

En este momento te afirmo que tanto tú como tus allegados pueden adquirir nuevos conocimientos, con toda sinceridad. ¿No sientes la sensación de liberación igual que yo?

Básicamente, incorporamos nuestras experiencias a nuestra realidad. Esto es lo que forma nuestra perspectiva personal y nuestra forma de pensar.

Se puede cambiar ese punto de vista de forma rápida.

Si tu mentalidad actual no te lleva a tu objetivo, necesitas adquirir nuevos conocimientos.

¿Cómo superamos obstáculos para alcanzar nuestras metas? Pregúntate si la situación te ayuda o te aleja de tu objetivo.

No tener objetivos o saber lo que quieres en este momento está bien, no te preocupes, sigue conmigo y verás que no es motivo de sentirte abrumado.

Habilidades De Manejo Del Tiempo:

¿Cuáles son sus objetivos? ¿Cuáles son tus metas realmente? ¿Deseas bajar 5 kilos, mejorar el brillo de tu cabello, conquistar al chico atractivo de tu clase de álgebra o obtener una calificación sobresaliente en cestería?
Establecer objetivos es crucial y previene distracciones de la meta.
¿Por qué establecer objetivos? La diversidad en la vida es enorme. En todo momento, existen innumerables actividades que puedes realizar. "Mientras conduces, puedes hacer una variedad de maniobras y paradas". Pero, ¿por qué no logras llegar a Alaska cuando manejas tu auto? ¿Por qué no terminas en lugares aleatorios siempre? Te subiste al coche con una meta en mente. Lo sabías al principio.
La vida es igual. Si tienes una meta clara, es más probable que la alcances. Llegarás al final, aunque haya desvíos y

retrasos. Sin dirección clara, el éxito puede ser difícil de alcanzar.

Puedes dividir tus objetivos en diferentes marcos temporales. No es obligatorio tener respuestas definitivas a esas interesantes preguntas sobre tu carrera después de graduarte, ya que es probable que tus metas evolucionen con el tiempo. Ahora, solo piensa en varios objetivos para empezar. Haga una lista de objetivos antes de continuar la lectura.

Revisa tus metas. ¿Cuántas tareas que planeas hacer hoy ayudan a alcanzar tus metas? ¿Las está trabajando activamente?

¿Estás postergando alguno de ellos? ¿Qué cambios necesitas hacer para lograr esos objetivos laborales?

Dividir los objetivos en partes manejables puede ser útil. Divide los objetivos en subobjetivos manejables una vez que los hayas establecido. Dividir los objetivos en partes permite progresar de manera gradual y evitar posponer su logro.

Pensemos en conseguir un título como ejemplo. Este objetivo se puede desglosar en cuatro subobjetivos. Completar con éxito un año del programa es el objetivo de cada subobjetivo. Los subobjetivos pueden dividirse en cursos separados para cada año. Los cursos constan de evaluaciones como pruebas, exámenes, trabajos y otras actividades en las 13 semanas de cada trimestre.

Divide tu semana en días y piensa en cómo pasarás cada hora y minuto en clases y haciendo las tareas para hoy.

Pensar en tus objetivos de manera convergente refuerza la idea de un camino conectado que vincula tus acciones actuales con la consecución de tus objetivos, aunque puede ser un reto abarcar todo su alcance. Observar estas conexiones te permite monitorear tu avance y determinar si estás progresando adecuadamente. Reflexiona en tus metas y segmenta en objetivos más pequeños.

Prepara mentalmente tu lista de objetivos. Ver los pasos hacia tu meta aumenta la posibilidad de lograrla.

Los deportistas exitosos visualizan repetidamente sus acciones en un partido antes de su inicio para alcanzar su máxima eficacia.

Al enfocarse exclusivamente en alcanzar una meta, se puede descuidar el proceso y no disfrutar del camino. Disfrutamos más de la vida cuando encontramos satisfacción en nuestros esfuerzos inmediatos en lugar de pensar en lo bonito que va a ser cuando finalmente lleguemos a nuestra meta lejana.

Disfrutamos más del viaje si nos interesamos por los lugares emblemáticos del camino en vez de solo aguantar el trayecto hasta llegar al destino.

Explorar el contenido más allá del mínimo requerido en una clase nos hace disfrutarla más que simplemente aprobarla con lo mínimo.

No establezcas objetivos poco realistas ni tengas demasiados para lograr, evita cometer este error. Solemos hacerlo al comienzo del semestre. Nos desalentamos al notar que no disponemos del tiempo ni la fuerza para alcanzar nuestras metas.

Es esencial reconocer nuestros límites físicos, mentales y emocionales al fijar metas realistas.

Con tus metas claras, sigue el camino hacia su logro. Eso comienza con el tiempo. Descubramos cómo ser conscientes de nuestro tiempo disponible.

5 motivos por los cuales no alcanzamos nuestras metas en ocasiones

¿Te has preguntado por qué no logras lo que deseas a veces? No estás solo si lo has hecho.

Las personas establecen objetivos en su trabajo, relaciones y empresa, pero no los cumplen.

Trabajando con personas de diversas edades y profesiones, descubrí las 5 principales razones detrás de esto.

La mentalidad es la principal razón por la que muchas personas fracasan.

Habitualmente menciono la historia del bebé elefante atado a una estaca en mis charlas y cursos.

El elefante está encadenado desde joven y no puede liberarse. El elefante puede liberarse de la cuerda y arrancar la estaca al crecer.

Una vez que el elefante ha sido entrenado para pensar que no puede escapar de la cuerda que lo mantiene atado, cuando se hace lo suficientemente fuerte para sacar la estaca del suelo, no intenta escapar.

De cierta manera, así es como muchos vivimos nuestra vida.

Nuestra mentalidad es la única limitación a superar. El elefante tiene esa mentalidad debido a haber estado atado desde su infancia.

¿Cuál es el origen de nuestra mentalidad? Básicamente de nuestras percepciones sensoriales. Lamentablemente, es común tener malos modelos de conducta y mentores desde la infancia. Las metas pueden ser incompatibles con modelos en nuestro entorno cercano como el Gobierno, nuestros amigos o familia.

A los diez años, en mi familia se pensaba que ganarse la vida era difícil y requería mucho esfuerzo. Esto es verdadero en parte.

El negocio familiar tuvo momentos terribles. Anteriormente, creía que la vida era complicada siendo adulto y evitaba enfrentar situaciones similares a las que ellos experimentaban.

Lamentablemente, esa fue mi lección. ¿Estaba seguro de que era así para todos? Quizás les afectó a ellos por alguna razón, pero de niño no cuestioné su validez y la acepté sin más.

Desde la infancia, ese condicionamiento se integra en nuestro aprendizaje sin que nos demos cuenta.

Aplica esto a algo que hayas aprendido o defiendas sin cuestionarlo. No puedes estar seguro al 100% de esa afirmación. Y aún si lo estás, ¿puedes confirmar la fiabilidad de la fuente de información?

Nuestros pensamientos nos limitan para alcanzar nuestras metas. No te

involucres en esta causa, es muy importante.
Hasta el día de hoy, recuerdo haberlo comprendido claramente. Un día, cansada de la mala suerte y a punto de perder mi trabajo, me pregunté por qué esto me estaba sucediendo a pesar de mi popularidad, vida social activa y buena educación.
Cuando comencé a investigar lo que estás aprendiendo aquí, todo cobró sentido de repente.
Me di cuenta de que podía cambiar mi presente sin culparme por las experiencias del pasado que me condicionaron y que no elegí.
Mi forma de pensar fue moldeada por mis experiencias, lo que me otorgó libertad y motivación para aprender más y alcanzar mejores resultados.
En este momento te afirmo que tanto tú como tus allegados pueden adquirir nuevos conocimientos, con toda sinceridad. ¿No sientes la sensación de liberación igual que yo?
Básicamente, incorporamos nuestras experiencias a nuestra realidad. Esto es

lo que forma nuestra perspectiva personal y nuestra forma de pensar.

Se puede cambiar ese punto de vista de forma rápida.

Si tu mentalidad actual no te lleva a tu objetivo, necesitas adquirir nuevos conocimientos.

¿Cómo superamos obstáculos para alcanzar nuestras metas? Pregúntate si la situación te ayuda o te aleja de tu objetivo.

No tener objetivos o saber lo que quieres en este momento está bien, no te preocupes, sigue conmigo y verás que no es motivo de sentirte abrumado.

Mejorando La Gestión Del Tiempo En La Oficina

1) Familiarízate con tus metas. Hable con su jefe si los objetivos son inalcanzables en el plazo asignado. Hablar temprano es preferible a cortar tarde. Solo acepta tareas si estás seguro.

2) Discutir el trabajo con sus compañeros no causa daño alguno. No puedes hacer todo solo. Reparte el trabajo entre tus compañeros de equipo. Es una tontería sobrecargarte. Compartir la carga de trabajo ayuda a cumplir con los plazos establecidos. Conozca sus capacidades.

Organizarse. Cuide bien sus archivos, documentos, tarjetas, carpetas, etc. Manténgalos en sus ubicaciones correspondientes para ahorrar tiempo buscándolos.

Se fiel a tu organización. No trabajes solo en presencia de tus superiores. Tu trabajo duro es lo que te remuneran. Enfóquese en su labor en lugar de fisgonear y chismear. No desperdicie tiempo en juegos de computadora ni en espiar a su compañero de trabajo.

Llamar a tus seres queridos está bien, pero evita las llamadas largas durante tu jornada laboral. Llamar y enviar mensajes distraen mucho en el trabajo.

Planifica con anticipación. No trabajes sin propósito. Al empezar el día laboral, el trabajador deberá registrar sus responsabilidades diarias en un horario específico. Hacer un plan de tareas al inicio del día brinda orientación en el trabajo y resulta beneficioso. "Una lista de tareas muestra el camino a seguir". Marque las tareas completadas.

Complete las tareas dentro de los plazos asignados.

7) Tenga una libreta y un bolígrafo a su alcance. No escriba en hojas sueltas. No los encuentras en tiempos de necesidad. Utiliza un organizador para mejorar su planificación laboral.

8) Solo comer en el horario del almuerzo. Comer mientras trabaja afecta la continuidad y aumenta la somnolencia.

Llegar a tiempo. No tome ausencias frecuentes del trabajo, salvo en caso de emergencia. Acostúmbrese a llegar puntualmente a la oficina.

No dejes las cosas sin terminar para el final. La escalada requiere la aprobación inmediata de las autoridades superiores. No ignores las cosas. Eventualmente te causarían problemas.

GESTIÓN DE PROYECTOS: CONTROL DE TIEMPO

La técnica de 'TimeBoxing' es simple, obvia y aparentemente desconocida pero efectiva en la gestión de proyectos desde su conocimiento. Actualmente, es difícil que un proyecto no lo incluya.

TimeBoxing se basa en establecer un límite máximo de tiempo para cada actividad en un proyecto, conocido por todos los miembros del equipo.

En otras palabras, todas las reuniones y fases del proyecto deben tener un límite de tiempo establecido.

Si usas Scrum, es probable que también apliques Time Boxing, donde cada reunión tiene un tiempo máximo conocido por todos y no se debe exceder. Igualmente, los Sprints o competencias cuentan con límites de tiempo establecidos, los cuales no deben ser excedidos. Al principio puede ser complicado aplicar el método "TimeBoxing" cuando se está acostumbrado a reuniones largas donde la gente está distraída, ya que puede resultar difícil terminar la reunión cuando todos tienen algo más que decir.

Al igual que en Google, se deben cortar las reuniones al llegar al tiempo máximo asignado para que los participantes se preparen para la próxima y puedan resumir lo más importante.

Si el tiempo es valioso y limitado, ¿por qué no gestionarlo para evitar desperdiciarlo? Por ende, debemos limitar el tiempo de gasto.

COMO CONTROLAR EL TIEMPO CORRECTAMENTE

El Tiempo.

Seguir los objetivos personales y profesionales es una acción valiosa en la actualidad.

Es común obsesionarse con maximizar el tiempo y verlo como algo que se puede invertir. No se quiere malgastar el tiempo, pero considerarlo demasiado concreto lleva a un conflicto. Para lograr resultados significativos en una idea creativa o proyecto de equipo, es esencial tener el tiempo necesario para asumir riesgos y explorar nuevas posibilidades. Si se dedica mucho tiempo a explorar sin una dirección clara, es probable que no quede suficiente tiempo para crear un producto respaldable. Esa tensión se siente en todos los proyectos, y es una de las razones principales de la ansiedad en el trabajo y la vida.

Sin embargo, la mayoría de las explicaciones sobre timeboxing en la última década omite un aspecto crucial:

según Elon Musk, el timeboxing no es simplemente una tarea fragmentada. Timeboxing no se limita a simple marcación de tareas en una lista o a dividir los días en incrementos de 5 minutos, aunque algunas personas puedan pensar así. Es sencillo seleccionar las tareas breves y bien definidas. Pero es complicado confirmar que se hacen tareas adecuadas para lograr objetivos precisos.

Timeboxing es la utilización de sprints cortos y estructurados para lograr objetivos definidos. Ahora analicemos estas palabras en mayor profundidad.

Cada tarea debe durar, como máximo, 10 minutos. A mayor dedicación en un intervalo, menor concentración en la tarea final.

Estructuradas significa que hay ciertas acciones en un sprint que conducen a alcanzar el objetivo. Estas acciones involucran fijar objetivos, realizar las acciones necesarias para lograrlos, tomar descansos, entre otras.

El equipo debe tener claridad en cuanto a los objetivos del sprint y lograr la calidad requerida en su trabajo. Es necesario saber con certeza si se alcanzó el objetivo previsto al final del plazo establecido, y explicar las razones de tal resultado. No inicie un sprint sin claridad en el objetivo y sin la aceptación de todos los participantes.

Usar timeboxing tiene tres beneficios o ventajas, a: La escasez de tiempo provoca un enfoque frenético en la realización de tareas. b. Tiene que revisar constantemente su rumbo para confirmar que avanza en la dirección adecuada. C. Corregir el rumbo es sencillo.

Las situaciones más adecuadas para aplicar Timeboxing son:

Resulta complicado enfocarse en las tareas. La técnica del Timeboxing evita el retraso en el inicio de un proyecto y previene el "efecto uh-oh".

La fecha tope se aproxima velozmente. Timeboxing implica establecer plazos para cumplir con entregas a los demás y evitar retrasos.

Debes alinear y motivar a un equipo. El timeboxing en talleres y reuniones mantiene el enfoque en las metas en incrementos pequeños.

Parece un gran problema a tratar. Timeboxing es una forma efectiva de organizar un problema y comenzar a solucionarlo.

No siempre es efectivo utilizar la técnica del 'timeboxing', ya que ciertas tareas demandan atención continua para obtener resultados satisfactorios. El timeboxing no es efectivo para realizar un trabajo de producción detallado. No sobredimensionar los beneficios.

Gestión De Proyectos Y Control Del Tiempo

La técnica de TimeBoxing es efectiva, simple y curiosamente desconocida en gestión de proyectos. Actualmente está presente en casi todos los proyectos.

TimeBoxing es una técnica en la que cada parte del proyecto se asigna un límite de tiempo específico conocido por todo el equipo de trabajo.

En resumen, todas las reuniones y fases del proyecto deben tener una duración máxima establecida.

Si usas "Scrum", es posible que también uses "Time Boxing", que establece un límite de tiempo máximo para todas las reuniones, conocido por todos y no debe ser excedido. Igualmente, los Sprints o competencias tienen un límite temporal definido que no debe ser excedido. Al inicio, en entornos de reuniones largas en donde las personas están distraídas, podría ser difícil implementar la práctica del "TimeBoxing" ya que puede ser duro finalizar la reunión cuando todos aún tienen temas pendientes por discutir.

Al igual que en Google, es recomendable poner un límite de tiempo para las reuniones y finalizarlas cuando se alcance ese límite. Esto permitirá que los participantes se preparen mejor y comuniquen las ideas principales de forma concisa en la siguiente reunión.

Si el tiempo es limitado y valioso, ¿cómo se puede seguir sin administrarlo adecuadamente? Por lo tanto, es necesario limitar el tiempo de gasto.

CÓMO GESTIONAR EL TIEMPO EFICAZMENTE

El Tiempo.

Hacer seguimiento a metas personales y profesionales es altamente valorado en la actualidad.

Es común obsesionarse en maximizar el tiempo y considerarlo como un recurso cuantificable. No queremos perder ese tiempo en la vida, pero verlo como algo demasiado palpable crea una paradoja. Para obtener resultados significativos en una idea creativa o proyecto de equipo, es esencial disponer de tiempo adecuado para tomar riesgos y explorar enfoques novedosos. Si se dedica demasiado tiempo a explorar sin dirección, es probable que se tenga poco o ningún tiempo para crear un producto con respaldo. La tensión presenta en cada proyecto y provoca ansiedades en el trabajo y vida.

La mayoría de la información sobre timeboxing en la última década ha omitido un aspecto crucial: Elon Musk sostiene que el timeboxing no se trata simplemente de dividir una tarea en fragmentos. Algunas personas pueden creer que el timeboxing se limita a listar las tareas por hacer o dividir el tiempo en bloques de 5 minutos. Es fácil seleccionar tareas cortas y claramente descritas. Pero la certeza sobre la realización de tareas apropiadas para lograr los objetivos adecuados resulta complicada.

Timeboxing utiliza sprints cortos y estructurados para lograr objetivos establecidos. Examinemos estas palabras con detenimiento.

Cada tarea que se está completando no debe durar más de 10 minutos. Menos tiempo dedicado a un intervalo aumenta las posibilidades de terminar la tarea con concentración.

Estructuradas en una competencia (sprint) se refiere a las acciones que ayudan a alcanzar el objetivo. Estas acciones son: establecer metas, cumplirlas, tomar descansos, entre otras.

El equipo de trabajo debe conocer con precisión el resultado que busca alcanzar en cada sprint, según los objetivos establecidos y con la calidad requerida. Al término del calendario o cuadro temporal, se debe poder determinar de manera concluyente si se alcanzó el objetivo y su causa. Solo debe comenzarse un sprint si sabe exactamente lo que está tratando de lograr en ese lapso y si todos los participantes han aceptado intentarlo.

Timeboxing tiene tres beneficios o ventajas: a. El tiempo limitado provoca un enfoque extremo en la ejecución de tareas. b. Debe revisar regularmente si está yendo en la dirección adecuada. C. Corregir el rumbo es sencillo.

Las mejores situaciones para aplicar el timeboxing son las siguientes:

Hacer las cosas resulta complicado concentrándose. El uso de Timeboxing evita que se retrase en un proyecto y lo ayuda a empezar a crear de inmediato, evitando retrasos.

"La fecha tope se aproxima velozmente". Timeboxing es una técnica para establecer tus propias fechas límite y evitar retrasos en la entrega a los demás.

Debes inspirar y coordinar a un equipo. En talleres o reuniones, el timeboxing ayuda a enfocarse en objetivos pequeños.

Parece imposible tratar el tema o problema debido a su magnitud. Timeboxing es una técnica efectiva para organizarse y comenzar a solucionar un problema.

El enfoque de tiempo limitado no es efectivo en todas las situaciones, debido a que muchos quehaceres necesitan atención continua para obtener éxito. Ejecutar un trabajo de producción detallado obstaculiza la efectividad del timeboxing. No exagerar los beneficios.

El Arte De Dar Prioridades

Aprende a priorizar en el trabajo en casa, mandados, tareas laborales y planes en días laborables. El esfuerzo y tiempo invertido al principio tiene su recompensa. Aprender a priorizar te permite optimizar el tiempo y tener mayor control, acercándote a la libertad.

Priorizar significa enfocarse en las tareas importantes para completarlas antes de pasar a otras en la lista de tareas. No todo en tu lista es prioritario, lo cual es un desafío. Pesa cada tarea para priorizar las más importantes y actuar en consecuencia.

Para ordenar las tareas por urgencia o importancia, usa estas categorías:

Importante y Urgente

Tienes pendientes que deben resolverse hoy o, a lo sumo, mañana. Tareas relacionadas con emergencias o crisis están contempladas.

Significativo y No Apremiante

Algunos ejemplos incluyen proyectos a largo plazo o que requieren planificación anticipada. Se pueden añadir labores de estudio y preparación exhaustiva.

Urgente, pero no importante.

Estas tareas no se pueden ignorar aunque interrumpan el flujo habitual. Tales como invitaciones sociales, eventos laborales y similares.

No importante y no urgente.

Esto es procrastinación y derroche de tiempo. Algunos ejemplos son monitorear redes sociales y navegar en línea.

El método A, B, C se acerca de forma similar. La Categoría A se centra en las obligaciones y responsabilidades básicas. Las tareas importantes y urgentes están próximas a su fecha límite. Los ítems de prioridad media están en la Categoría B y son obligatorios. Son menos relevantes temporalmente que los de la primera categoría. Aunque es recomendable darte tiempo para trabajar en ellas, no hay presión excesiva en ninguna de las tareas.

La Categoría C incluye tareas agradables. Actividades para tiempo libre. Aunque no las realices o cumplas por varios días, las consecuencias son mínimas.

Debes aprender a priorizar para tener el control de tu tiempo. Haz una lista de tareas en orden de prioridad.

Si hay múltiples procesos o pasos, prioriza las tareas más urgentes y divídelas en consecuencia.

Organiza tu lista con bloques horarios luego de completarla. El bloqueo horario implica asignar cantidades específicas de tiempo para cada tarea y completarlas en ese período designado.

Tu cerebro utiliza bloques horarios y cronogramas en su funcionamiento. Si le das más tiempo del necesario a una actividad, es probable que lo utilices aunque puedas completarla en menos tiempo. De esto trata la Ley de Parkinson.

Programa tareas en horarios factibles en tu lista. Ajusta diez bloques horarios para tareas laborales dentro de tu jornada para evitar que se extiendan después del trabajo. Haz lo mismo para las tareas del hogar que necesitas realizar. Si puedes posponer algunas tareas, hazlo. No te autoexijas terminar todo en una sola vez si no es obligatorio.

Aunque la priorización es clave, no es necesario ser inflexible con los plazos establecidos. En muchas ocasiones, los planes pueden cambiar y es importante ser flexible y adaptable ante esta situación. No te sobreesfuerces al reubicar las tareas. No hay nada de qué preocuparse siempre y cuando se hagan antes de la fecha límite.

Recorta tareas si es necesario. Si es posible, delega a otro miembro del equipo. No es necesario que trabajes solo en todo si eso no afectará los resultados del proyecto.

Priorizar te permitirá gestionar tu tiempo eficazmente, aumentando tu productividad en el trabajo y en casa, y obteniendo más tiempo libre para dedicar a intereses personales. Puedes reducir el estrés controlando mejor tu tiempo y evitando retrasos en los plazos.

Comprendiendo La Ley De Parkinson Para Sacar Provecho De Ella.

La ley de Parkinson establece que el tiempo que se dedica a una tarea determinada influye en el tiempo que se toma para completarla. En 1955, Cyril Northcote Parkinson lo avistó por vez primera según su artículo en The Economist, y declaró: "

El trabajo ocupa todo el tiempo que le damos para ser completado. Así, una anciana de ocio puede pasar todo el día escribiendo y enviando una postal a su sobrina en Bognor Regis. Una hora será destinada a buscar la postal, otra a las gafas, media hora para la dirección, una hora y cuarto para la composición y veinte minutos para decidir si se necesita un paraguas para ir al buzón cercano. El esfuerzo de tres minutos para un hombre ocupado puede agotar a otra persona después de un día de duda, ansiedad y trabajo.

La observación del fenómeno en 1955 ha sido respaldada por varios estudios científicos que indican que las personas suelen utilizar el tiempo adicional que se les otorga para completar una tarea, aunque no sea esencial. Si le asignas una semana a una tarea de dos horas, ésta se volverá más compleja y desalentadora psicológicamente. Tal vez no trabaje más durante el tiempo extra, sino que experimente más estrés y presión para completarlo. Al planificar correctamente el tiempo para sus tareas, simplificará su complejidad y ahorrará tiempo.

"Puede aplicar la Ley de Parkinson a su horario para completar sus tareas de manera más eficiente y evitar perder tiempo innecesariamente".

Correr el tiempo en contra

Haga una lista de sus tareas y divida su tiempo para completarlas. Completa cada tarea en la mitad de ese tiempo. Establecer una fecha límite ajustada impulsa la eficiencia en la finalización de las tareas. Considere estos plazos reducidos como fechas límite inquebrantables y trátelos como tales.

Puedes aprovechar tu deseo natural de ser competente a tu favor. Correr contra el reloj implica competir contra el tiempo y esforzarse para terminar a tiempo sin sacrificar la calidad. Esto es muy útil si no cumple con sus plazos.

Al principio, este ejercicio servirá para evaluar la precisión de su estimación de la duración de una tarea. Algunas estimaciones son precisas, mientras que otras están exageradas. Si sus estimaciones de tiempo son precisas, no podrá completar la tarea antes del plazo reduciendo el tiempo a la mitad. En cambio, intente con tiempos más extensos. No vuelva a la asignación original de tiempo, ya que puede haber un periodo más apropiado entre las tareas.

Eliminar los obstáculos a la productividad

Mira tus actividades diarias y detecta aquellas que ocupan tiempo, como las redes sociales y el correo electrónico, donde habitualmente pasas de diez a veinte minutos. Las 'cucarachas' son rellenos de poco tiempo en la productividad. Estas actividades no contribuyen al logro de sus metas.

Reduce el tiempo de leer tu correo electrónico en la mañana de 20 a 30 minutos a solo cinco minutos. Esto se aplica a todas las tareas de llenado de tiempo que ha identificado. No se distraiga con estas tareas hasta terminar su lista del día. Después de completar sus tareas, puede relajarse y utilizar las redes sociales, revisar su correo o leer por el tiempo que desee.

Evite las tareas inútiles y concéntrese en las críticas para completar su trabajo esencial.

Aplicar la técnica Pomodoro

Francesco Cirillo inventó el Método Pomodoro en la década de 1990, que permite manejar distracciones y lograr enfoque en ráfagas cortas con descansos frecuentes de manera efectiva. Divida el trabajo en intervalos cortos y cronometrados con pausas breves para gestionar la productividad y el tiempo de manera eficiente. Esta técnica mejora la concentración y la puntualidad al trabajar en períodos cortos.

Implementar la técnica Pomodoro es fácil para mejorar su productividad diaria. Necesitas solamente un temporizador. Inicie seleccionando una tarea de su lista y programe el timer a 25 minutos. Realice la tarea elegida hasta que el temporizador se detenga y luego marque con un cheque en un papel. Haga una pausa corta de 5 minutos y después continúe con su tarea durante 25 minutos más con el temporizador. Cada cuatro Pomodoro's o cheques, descansar entre 15 y 30 minutos.

Trabaje en ciclos de 25 minutos con descansos cortos en medio para aumentar la productividad y relajar su mente. No interrumpa el Pomodoro de 25 minutos si se distrae. Continúe con la tarea o retrase la distracción hasta que finalice el Pomodoro.

Gestión De Tiempo Laboral

Las empresas necesitan personal capacitado para cumplir sus objetivos y mejorar la rentabilidad.
Los procesos de selección son rigurosos y a menudo requieren pruebas para evaluar las habilidades de los candidatos en ciertas posiciones. Contratan a la persona adecuada y descartan a quienes no tienen el mismo nivel de éxito.

Es probable que hayas oído hablar de la Gestión del Tiempo si buscas trabajo o trabajas actualmente. Pero, ¿has considerado la razón?

La necesidad de adaptarse a los cambios del mercado obliga a organizaciones y sus miembros, aunque hay otras posibles respuestas.

Solo actuando de forma proactiva y rápida ante los cambios del entorno podremos destacar en un ambiente complejo y cambiante. Particularmente, en el trabajo con impacto inmediato en el bienestar social.

Capítulo 7: Las cuatro "D" del éxito.

Las cuatro "D" de la eficacia son estas:
La primera característica es el deseo intenso y ardiente de obtener control para alcanzar la máxima eficacia.

La segunda consiste en tomar una decisión firme para aplicar técnicas efectivas de gestión del tiempo hasta que se conviertan en un hábito.

La tercera clave es la Determinación: se debe persistir ante las tentaciones contrarias hasta convertirse en un gestor eficaz del tiempo. Su deseo fortalecerá su determinación.

"La clave principal para el éxito en la vida es disciplinarse para incorporar la organización del tiempo como una práctica habitual, siendo ésta la cuarta D". La disciplina implica comprometerse a pagar el costo y cumplir con las tareas en el momento adecuado. Esto es crucial para el éxito.

Ser un gran administrador de tiempo es altamente rentable.

Los ganadores eficaces administran su tiempo. Los pobres lo usan mal.

Para tener éxito, formar buenos hábitos es una regla crucial.

La gestión de la vida consiste en la gestión del tiempo, recuerde.

Para tener un buen manejo del tiempo y una productividad personal efectiva, es fundamental valorar cada minuto de la vida.

Capítulo 8: Consejos adicionales

El tiempo es irrepetible. Cada persona tiene la misma cantidad diariamente. No es posible ni activar ni desactivar, acumular ni reemplazar. Debe ser usado durante sesenta segundos en cada minuto. Tenemos tres formas de aprovechar el tiempo, ya que no podemos fabricarlo.

Detener actividades menos importantes.

Mejorar nuestra eficiencia.

Permitir que otros realicen parte del trabajo.

Para mejorar el uso del tiempo, empieza registrando tu uso actual durante unos días. Aunque no es el enfoque mágico que esperábamos, nos enseña dónde va nuestro tiempo.

Revisione cuidadosamente cómo utiliza su tiempo discrecional, ya que gran parte del mismo se dedica a actividades "necesarias".

"Tal vez esté pensando: 'No tengo suficiente tiempo para esto'". El compromiso de tiempo es uno de los mayores obstáculos para realizar cambios en nuestra vida.

Enfóquese en las ventajas de un mayor control y aparte un breve lapso que se ajuste a su agenda. Intente dedicar una hora semanal o quince minutos diarios exclusivamente para mejorar su gestión del tiempo. Ver cómo usa su tiempo por unas semanas valdrá la pena.

A continuación, tome apuntes acerca de cómo distribuir su tiempo diario. Especialmente busque el tiempo dedicado a cosas de poco valor para usted. Debes intentar cambiar aquí primero.

Al completar el registro de tiempo, verifique tres aspectos respondiendo a las siguientes preguntas:

¿Es necesario? ¿Existen acciones por la costumbre o más allá de su utilidad? Un informe mensual sin valor ni lectores. Enfoque en las actividades que no son prioritarias para usted, pero que son vitales para los demás en el ámbito interno.

¿Es usted el indicado? ¿Se pueden asignar elementos del trabajo a alguien más? ¿A alguien en casa? Los niños pueden aprender cocinar y lavar desde temprana edad, lo que es una experiencia valiosa. No solo delegarás, sino también enseñarás.

¿Es eficiente lo que se está haciendo? Al verificar que se han cumplido los requisitos, cuestiónese: ¿Existe un enfoque superior para hacerlo? Localice las tareas repetitivas y permita que la tecnología lo asista, como utilizar etiquetas de correo o una lista de e-mail en lugar de hacer llamadas telefónicas a un grupo.

Estableciendo prioridades

La falta de tiempo es común ya que hay muchas tareas pendientes. Al no ser posible crear tiempo, debemos tomar decisiones y planificar.
Planificar es clave para reducir el estrés de un tiempo limitado. Se pueden diseñar planes para metas a largo o corto plazo. Empiece por planificar su día a día. Puede usar un calendario físico o virtual, o un cuaderno de espiral pequeño.

Un plan diario consta de dos elementos. Primero hacer una lista de elementos y luego priorizarla. ABC es efectivo. Etiquete sus pendientes en casa y trabajo con él.

Prioridad A: "Debe hacerse". Estos son elementos críticos. Regularmente tienen un plazo cercano. No permita que los plazos obstaculicen la priorización de los elementos significativos para usted, como el tiempo con su familia. Debe pasar la mayoría de su tiempo con ellos.

Debe hacerse: Prioridad B. No son básicos, pero sí relevantes. Se pueden hacer mañana. La clave es salir de la prioridad A antes que otros y seguir adelante. No todas deben ejecutarse, pero se requiere un crecimiento mínimo. Debería considerarse. Estos son adecuados para los momentos de inactividad. Son importantes aunque suelen ser actividades de ocio. También deben estar incluidos en su lista.

Tiempo desperdiciado

Incluso con una lista diaria planificada y priorizada, el tiempo puede escaparse. Se pueden presentar pérdidas de tiempo en su día. A continuación, pruebe estas sugerencias para evitar las distracciones externas:

Visitantes inesperados: Mantenga la puerta cerrada o parcialmente cerrada al concentrarse. Levántese al hablar si alguien se acerca para conversar. Esto acorta conversaciones. Puede decir: "Gracias por la visita. Tengo un proyecto por terminar, discúlpeme por favor.

Llamadas telefónicas: Al igual que con los visitantes, la gente entenderá si tienes trabajo que hacer. Puede finalizar cortésmente la conversación una vez cumplido el objetivo.

Dividir el correo en "Solo información" y "Acción". Solo se pueden archivar las cosas del primer montón en una carpeta para leer en otro momento. Si el correo requiere una acción corta que se pueda hacer de inmediato, es mejor leerlo en el segundo montón. Si necesita más tiempo, archivar el correo y regresar a él cuando tenga disponibilidad suficiente. Su meta es manipular cada correo una sola vez.

Mientras espera: Aproveche estos momentos para leer. Habrá momentos de espera en citas o colas. Puede guardar una revista en su auto para situaciones imprevistas. Durante la espera, se puede aprovechar para planificar proyectos laborales, comidas o vacaciones.

Atender reuniones con agenda definida. Si el grupo se desvía de la agenda, llame la atención. Las reuniones deben terminar en una hora. Registre por escrito las decisiones y responsabilidades asignadas. Si se toman decisiones sin acción, se requerirá una reunión adicional.

Crisis: Los imprevistos son comunes en el trabajo y el hogar. Enfoque en evitar las crisis que sean prevenibles. ¿Hay un modelo para las crisis? ¿Un plan de contingencia prevenirías la crisis? Ante crisis recurrentes, actuar de inmediato.

Pruebe estas sugerencias para evitar distracciones personales.

¿Perdés tiempo buscando cosas que están ahí pero no podés encontrar debido a la desorganización? ¿Tiene una zona de trabajo desorganizada con artículos caducados? Organizar sus archivos en carpetas puede resolver este problema y evitar la frustración. Organice sus proyectos en una sola carpeta y guarde todo lo relacionado con ellos en ella. Existen numerosas etiquetas y carpetas de distintos colores disponibles para uso con un sistema de código de colores. Encuentre un sistema alternativo si las carpetas no son útiles para su trabajo.

Interrupciones son inevitables. Es crucial una vez finalizado el tiempo. No evalúe la prioridad de una petición antes de saltar a una nueva tarea. Es mejor completar la tarea interrumpida.

Posponer: Evitamos hacer cosas difíciles, aburridas o desagradables en el presente. Establezca fechas límite para estas tareas y prográmelas en su calendario. Premie a usted mismo por completar la tarea.

Consejos generales:

Actualice sus metas a largo plazo con regularidad (anualmente, mensualmente, etc.). ¿Busca algo de índole profesional? ¿Desea aprender alguna habilidad? ¿Está contento con su vida familiar? Recordar sus metas a largo plazo le permitirá tomar decisiones sobre cómo utilizar su tiempo diario.

Cada persona tiene una hora favorita del día. ¿A qué hora del día se siente mejor? Haga las tareas que requieren más concentración en su horario favorito siempre que sea posible.

Planifica pausas en el transcurso del día. Esto aumenta la concentración y la creatividad. Además, aumentará su energía para las actividades nocturnas.

Use La Matriz De Eisenhower Para Dar Prioridad A Sus Proyectos Y Tareas.

La Matriz Eisenhower, también llamada Matriz de Gestión del Tiempo, fue ideada por Dwight D. Eisenhower. Eisenhower lo popularizó durante su presidencia y luego fue popularizado por Stephen R. En el libro 7 hábitos de la gente altamente efectiva de Covey. Emprendedores pueden incrementar productividad usando la Matriz Eisenhower. Puede ayudarle a decidir qué tareas realizar diariamente en orden de importancia. No todas las tareas del emprendimiento son iguales. Algunas funcionarán, otras no. Ambas tareas requieren tiempo para realizarse.

La Matriz de Eisenhower clasifica las tareas en importantes y urgentes para ayudar a enfocarse. Dividir las tareas en dos categorías le hará entender la distinción entre una tarea importante y una urgente. Saber esto le ayudará a dar prioridad a sus tareas y usar la Matriz de Eisenhower.

Los cuatro cuadrantes de la matriz de Eisenhower.

Urgente No Urgente

Necesario en cuadrante 1 y 2; Calidad en cuadrante de la calidad.

No Importante 3

Despilfarro cuadrant" 4 "decepción cuadrant.

Cuadrante I

La sección denominada Cuadrante de lo Necesario en la matriz incluye tareas importantes y urgentes. Son las tareas y actividades urgentes. Ejemplos incluyen plazos de proyectos y emergencias familiares. Si se ignoran, estas tareas pueden tener efectos negativos graves. Es posible disminuir el tiempo empleado en el primer cuadrante al dedicar más horas a las actividades del segundo cuadrante, aunque no se pueda evitar su existencia.

Cuadrante II

El Cuadrante de la Calidad es el segundo cuadrante. Las tareas proactivas de este cuadrante benefician su calidad de vida. Mientras más tiempo dedique a este cuadrante, menos tiempo necesitará para los otros tres. La planificación para los próximos días y la evaluación del desempeño serían incluidos en este cuadrante de la matriz. "La mayoría de estas tareas son relacionadas al desarrollo personal y no son urgentes de completar".

Cuadrante III

En el tercer cuadrante de la matriz se ubican tareas urgentes pero no importantes que no contribuyen al logro de sus objetivos. Minimizar o eliminar tareas esencial para la productividad. "Estas tareas agotan su energía y desperdician su tiempo". El Cuadrante de la Decepción consume tiempo y energía si se trabaja en tareas relacionadas, dejando la impresión de haber perdido tiempo.

Ejemplos de tareas de este cuadrante incluyen contestar llamadas y mensajes irrelevantes, y conversar sobre temas triviales en la red. "Aprenda a decir 'no' y delegar tareas para reducir su tiempo en este cuadrante".

Cuadrante IV

El último cuadrante incluye actividades no importantes ni urgentes. Postergue o elimine estas tareas ya que no contribuyen significativamente a su progreso diario y no es necesario que las complete de forma inmediata. El Cuadrante del Despilfarro es el término para describir este cuadrante. Como emprendedor, debe reconocer cuándo trabaja en esta área. El punto de quiebre comienza al dedicar tiempo excesivo a actividades sin sentido que deberían estar en el tiempo libre.

Tareas y actividades en este cuadrante incluyen ver televisión, chismorrear, navegar por Internet y usar redes sociales en exceso.

Incrementar eficiencia mediante matriz Eisenhower.

Las tareas prioritarias necesitan atención inmediata, mientras que las significativas apoyan sus metas, propósito y principios. Como emprendedor, es importante centrarse en completar tareas del segundo cuadrante de la matriz, que son importantes pero no urgentes. A menudo, las personas suelen priorizar las tareas urgentes en lugar de las esenciales para alcanzar sus metas, a pesar de que la Matriz de Eisenhower sea simple y clara. Ocurre a menudo por la presión de este tipo de actividades, lo que lo distrae de las tareas del segundo cuadrante.

Al crear su lista de tareas para el día siguiente, clasifique cada una en uno de los cuatro cuadrantes de la Matriz de Eisenhower. Reserve tiempo para las tareas en el segundo cuadrante, ya que son las que lo llevarán más cerca de sus objetivos.

Administrar El Tiempo Haz Una Lista

Haz una lista de tus tareas para empezar. No olvides estas últimas, son importantes. Debes escribir la lista, no hacerla mentalmente, puedes usar papel, el ordenador o una agenda de tareas. Más tarde discutiremos las herramientas útiles para ti. Ahora retén la idea.

Redactar las tareas calma y clarifica tu mente sobre las labores a realizar. No te agobies por errores ortográficos, el orden temporal de las tareas, su importancia o la forma y momento de llevarlas a cabo. Escríbelas tal y como surjan en tu mente, como en una lluvia de ideas. La meta es liberarte de ellas y calmarte. Verlas escritas te dará paz porque sabes que están presentes y no tendrás que recordarlas. Experimentarás un alivio considerable.

Enumera todas tus tareas sin categorizarlas, ya sean laborales, personales, familiares, a corto o largo plazo.

Aquí hay un ejemplo de lista sin ningún orden ni prioridad:

• Contactar telefónicamente para programar consulta dental

Cancelar la suscripción del gimnasio.

Inscribir a tu hijo en baloncesto.

• Concertar una cita para tomar café

Redactar una entrada en tu blog

Edita un video navideño.

• Comprar los boletos de avión para un viaje

Verificar tarifas de alojamiento

Crear itinerario para viaje a Italia

Enviar el contrato de alquiler por correo.

Comprar artículos de limpieza.

• Verificar el borrador de un proyecto

- *Entregar un pedido*
- *Suscribir y remitir acuerdo*
- *Asistir a lecciones de alfarería*
- *Contratar un pintor*
- *Salir a correr*
- *Organiza una escena romántica*

Comprar un obsequio para un amigo.

- *Entregar una presentación*
- *Encontrar clases de marketing digital en línea*

Pedir el préstamo al banco.

Completar el primer borrador del libro.

- *Ir al museo*

"Cita médica para pruebas".

- *Encuentro con proveedor*
- *Fiesta navideña de la compañía*

Adquirir pintura blanca de acrílico y látex

Ayudar en la creación del currículum de un amigo.

Adquirir calzado para tu hijo

Creo que ya captaste la idea, no necesito seguir explicando más.

ESTABLECE PRIORIDADES

Ya tienes la lista. Es hora de establecer prioridades en las tareas. Ordenarlas según su urgencia o importancia. ¿Por qué? Si no priorizas, realizarás las tareas de forma improvisada o según tu gusto. Apagarás fuegos descontroladamente debido a la falta de organización. No tendrás el regalo comprado para el cumpleaños. No tendrás listo el proyecto en el día de entrega. Comprendes la situación porque probablemente la has experimentado y te has sentido apresurado como el Conejo Blanco.

Es crucial hacer una buena priorización. Piensa. Meditar. pesarlo ¿Qué es importante? ¿Qué es secundario? ¿Qué puede esperar?

No olvides que ya habías establecido tus metas anteriormente. Te ayudarán a priorizar las tareas. Decide si son importantes y/o urgentes. Puedes marcar con I (importante) y/o U (urgente) si has hecho la lista a mano. O recortarla en tiras y organizarlas en columnas. Personalmente, prefiero hacerlo en el ordenador. Pero por ahora, nos quedamos con el concepto.

Prioriza lo importante sobre lo urgente. Como lo oyes. Una tarea urgente pero no importante tiene consecuencias menos graves al no ser cumplida en comparación con una tarea importante. Intentaremos todo y lograrás siguiendo los consejos del libro. Si debes escoger, prioriza lo importante si no puedes hacer todo.

Tienes que comprar un regalo para el cumpleaños de tu amigo mañana, pero también debes completar un pedido para un cliente que debe ser entregado el mismo día. Probablemente priorices la satisfacción del cliente y la puntualidad en la entrega sobre la entrega oportuna del regalo a tu amigo. Podrás dárselo al día siguiente sin riesgo para tu amistad. No cumplir con los plazos puede tener consecuencias negativas como la pérdida de clientes o trabajos, además de afectar tu reputación.

Considera lo mencionado al planificar tus tareas y ordénalas en:

Las tareas importantes y urgentes deben ser completadas lo más pronto posible. Ejemplos: cumplir con los plazos de entrega de clientes importantes, adquirir los ingredientes para una cena con invitados hoy...

Tareas importantes pero no urgentes: ponles atención. Aunque son importantes, al no tener urgencia las pospones hasta volverse urgentes. Renegociar hipoteca, recoger nueva tarjeta de crédito, renovar carnet conducir son importantes, pero no urgentes para ti.

Tareas urgentes pero no importantes: Completa lo más rápido posible sin dedicar demasiado tiempo, ya que no son valiosas. Haz esas tareas en los huecos entre tareas importantes para descansar mentalmente, ya que no son prioritarias y no requieren mucha atención. Algunas tareas urgentes incluyen limpieza, planchado, compra de ropa de playa para el viaje de mañana, y adquirir uniformes escolares.

Evalúa si tienes interés o deseas hacer las tareas que no son urgentes ni importantes, o utilízalas como actividades secundarias si dispones de tiempo suficiente. Cuidado con estas tareas menos importantes pero tentadoras como imprimir fotos o ordenar el mueble, que pueden robarte tiempo.

Si buscas maximizar la productividad y rentabilidad económica en la lista de tareas, eso debería guiar la priorización. Si una tarea te da X beneficios y otra X 5, comienza por la segunda. Ordenar según rentabilidad.

Si te cuesta priorizar, pregúntate: ¿Qué es lo único que harías hoy? ¿Y la segunda? Para comprender la clasificación de tareas urgentes o importantes, mira este vídeo en inglés.

Pensar antes de tomar acción es necesario.

No pensar antes de actuar es una causa común de problemas empresariales.

Esto ocasiona problemas de comunicación que llevan a conflictos y baja productividad.

Un mal redactado email es igual de dañino que la falta de uno.

Ya hemos mencionado previamente los problemas causados, como confusión, indecisión, baja productividad y conflictos.

Enviamos correos electrónicos sin pensar, lo que conduce a varias situaciones.

Nuestros correos electrónicos son largos, complicados y no aportan nada.

Pensar en la cantidad de correos electrónicos que escribimos al año nos hace entender la importancia de una gestión eficiente del correo para nuestra supervivencia profesional.

Si reflexionas adecuadamente, solo se trata de actuar con cuidado.

Sistema de gestión de proyectos y tareas productivas.

Con este tema expondré formas de mejorar nuestra eficacia diaria a través de mis reflexiones.

Nuestro rendimiento se relaciona directamente con nuestros resultados.

Hablaremos desde la perspectiva laboral y personal.

Debemos equilibrar todos los frentes para avanzar en cada uno.

Hablamos de equilibrar la vida profesional y personal.

Por eso, presentaré ideas para manejar metas, proyectos, compromisos, correos electrónicos, estrés y emociones.

El propósito es mejorarte en productividad, eficiencia y felicidad.

¿Qué nos causa más estrés y qué nos ayuda verdaderamente a ser más eficientes y productivos?

Mi intención es contestar estas preguntas aquí.

También deseo compartir mi experiencia para que otros puedan crear su propio sistema de productividad efectivo, que no tiene que ser idéntico al mío.

Es importante identificar las variables que influyen en la eficacia y diseñar un sistema de productividad personalizado para alcanzar objetivos de manera efectiva.

Utilizaré en estas líneas mi experiencia en cursos de formación y asesoramiento a directivos sobre esta temática.

Bandeja de entrada y capacidad de hacer varias tareas al mismo tiempo.

Hablaremos sobre reducir la ansiedad y aclarar la mente antes de realizar cualquier tarea.

Si uno se siente incómodo, es difícil enfocarse.

Las ideas y tareas pendientes que rondan en nuestra mente son una de las variables que influyen en la ansiedad.

ESTRÉS - SÍNTOMAS Y SIGNOS, TEMA 8

CAUSAS DEL ESTRÉS

El estrés puede provocar cambios importantes en ti. Puedes detectar signos de estrés laboral y tomar medidas preventivas antes de que se convierta en un problema.

Debes estar atento a la conducta de tu equipo y ser observador. Los cambios pueden ser perceptibles solo para la persona estresada en varios casos. El estrés afecta la cabeza, la salud mental, el corazón, los pulmones, la circulación, la piel, el metabolismo, los músculos, las articulaciones, el sistema digestivo y el sistema inmunológico.

Si presentas estos síntomas, es posible que estés experimentando estrés. Si el trabajo agrava tus síntomas, consulta a un profesional. Medidas tempranas pueden aliviar el estrés y detener los síntomas.

Los síntomas emocionales incluyen sentimientos negativos o depresivos, decepción con uno mismo, reacciones emocionales intensificadas (lágrimas, sensibilidad o agresividad), sentimientos de soledad, pérdida de compromiso debido a la falta de motivación y confianza, y cambios de humor.

SENTIMIENTOS MENTALES: confusión, indecisión, pérdida de memoria y falta de concentración.

Variaciones del comportamiento habitual: Alteraciones en la alimentación, incremento en el consumo de tabaco, bebidas alcohólicas o estupefacientes, fluctuaciones emocionales que influyen en la conducta, perturbaciones en el patrón del sueño, ansiedad y falta de compromiso.

Posibles signos de estrés en tu grupo incluyen: disputas y falta de afecto, rotación de personal, quejas y reclamaciones, ausencias por enfermedad, informes de estrés, dificultad para contratar personal, bajo rendimiento y quejas de los clientes. Si detectas tales signos, actúa en consecuencia.

Puedes sentir presión tanto fuera como dentro del trabajo siendo una persona normal. "El estrés puede ser excesivo al enfrentar demandas opuestas en el trabajo y en el hogar".

No puedes controlar factores externos de estrés, pero debes cuidar tu bienestar con un enfoque inteligente. Reconoce la relación entre los problemas en tu trabajo y hogar para manejar el estrés laboral eficazmente.

Es importante que los miembros del grupo convivan para conocerse mejor y poder apoyarse en momentos difíciles.

"Tienes que ser comprensivo, proactivo, flexible y ofrecer apoyo claro a las personas que sufren de estrés".

Mejorar la atención del estrés en tu organización beneficia a todos los niveles.

BENEFICIOS ECONÓMICOS: reducción de los riesgos de litigio, mejora del retorno de la inversión en formación y desarrollo, mejor atención al cliente y al proveedor, reducción de los costes de compensación por enfermedad.

Ventajas personales: Motivación, compromiso laboral, alto rendimiento, sentido de pertenencia, buenas relaciones, avance profesional y desarrollo.

BENEFICIOS DE GESTIÓN: Reducción de la rotación de personal, mejora en la gestión de ausencias, menos bajas por enfermedad, menos accidentes y mejora en la calidad del trabajo.

Para prevenir y controlar el estrés laboral, es esencial:

Acepta que el estrés laboral puede afectar al personal.

Comprenda el estrés laboral y su relación con el estrés en el hogar.

Escucha a tu personal para tomar decisiones basadas en sus aportes.

Establece expectativas claras con tu equipo para que comprendan tus límites.

Reserva tiempo para manejar la tensión de forma adecuada.

La intimidación y el acoso en el trabajo es un asunto significativo. Define ambos términos como inaceptables en la organización para resolver la situación. Ante esta realidad, muchas organizaciones adoptan un enfoque de tolerancia cero al desequilibrio en torno al poder, la competencia interna y el cambio organizacional.

El acoso laboral abarca ignorar o excluir a alguien, difundir rumores o chismes maliciosos, humillar a alguien en público, asignar tareas inalcanzables o sin sentido y menospreciar el desempeño de una persona. Podemos definir el acoso como discriminación ilegal por distintas razones. Corrige la situación si te afecta o habla en privado con alguien más y ayúdale a resolverla.

Motiva a la persona que comete el error a dejar de hacerlo al reconocer el efecto que su comportamiento está causando. El miembro afectado debe conocer sus opciones de apoyo para superar estas complicaciones.

Trabajando en equipo se puede superar el estrés laboral con éxito. Todos los miembros de una organización deben sentirse responsables de la salud y el bienestar de sí mismos y de sus compañeros. Cada individuo puede fomentar y preservar su salud y bienestar al colaborar con los demás.

Si eres responsable de la gestión o supervisión, debes también cuidar la salud y bienestar de los empleados y minimizar situaciones estresantes. Debes demostrar competencia en manejo de estrés en tu equipo de trabajo al mostrar actitud positiva, alerta a problemas y sensible en abordarlos.

cosas estar agradecido ". Agradecer lo que se tiene basta para una vida feliz y contenta. La mayoría de las personas tienen dificultades para lograr esto. A veces, ignoran sus beneficios. Entonces,

¿cómo te sientes agradecido?

Sé agradecido por tus posesiones. Es una acción de gran valor.

La gratitud no solo brinda felicidad inmediata, sino también reduce la resistencia hacia situaciones difíciles.

La vida puede parecer injusta si observa cómo algunos tienen cosas que usted no posee. Se le conoce como pensamiento negativo y debe ser erradicado de su vida. Recuerda cuando eras joven.

Tal vez no consiguió su juguete preferido debido a que ya poseía uno semejante.

Tus padres probablemente te dijeron que debes sentirte agradecido por lo que tienes. Puede que no haya comprendido su significado a una edad temprana, pero es una valiosa lección para aprender. Es crucial que como adulto, se sienta agradecido por lo que ha logrado.

Esta actitud debería inspirarlo a ser más positivo todavía. Concéntrate en lo que tienes y evita pensar en lo negativo de tu vida. El optimismo beneficia la mente y el cuerpo.

La gratitud y el pensamiento positivo pueden prevenir enfermedades.

El agradecimiento es importante porque algunas personas harían cualquier cosa por tener lo que tú tienes.

Para los menos afortunados puede ser muy importante, aunque para algunos pueda parecer insuficiente debido a sus exigencias. es crucial

Siempre hay alguien que tiene una situación más difícil, así que sé agradecido por lo que tienes. Debe valorar su bendición actual sin añadir nada más.

Tener esta actitud es importante, ya que te permitirá ser más feliz. Al sentirte satisfecho con lo que tienes, los pensamientos negativos que disminuyen tu ánimo serán eliminados.

Pero no se conformen por ello.

Significa simplemente valorar y ser consciente de tus posesiones. Si te enfocas en lo que no posees, la felicidad puede ser inalcanzable. Adquirirlas no le exime de la preocupación por perderlas. Sé agradecido y valora lo que tienes en definitiva.

Administración Del Tiempo: Fijación De Metas

Los métodos de gestión del tiempo suelen incluir la fijación de metas como elemento clave para un uso efectivo del tiempo.

Establecer metas es crucial para ser productivo y administrar el tiempo eficazmente, tanto en el ámbito personal como en el profesional.

El término "metas" implica realizar tareas específicas como quehaceres del hogar o propuestas comerciales importantes.

Las tareas se llaman metas y se clasifican en corto, mediano o largo plazo según el tiempo disponible.

Las metas diarias son metas a corto plazo. Esto incluye tareas cotidianas y proyectos urgentes. Para gestionar eficazmente el tiempo, es necesario hacer una lista de objetivos a corto plazo y cumplir cada uno de ellos diariamente.

Metas a mediano plazo: cumplir en 1 semana a 1 mes. Se puede dividir un plazo medio en partes más pequeñas para lograr la meta diariamente, según el tiempo requerido.

Un proyecto de 6 a 7 horas se puede descomponer en porciones de 1 hora al día.

Metas de largo plazo pueden incluir lograr un título universitario, construir una casa o alcanzar cualquier otro objetivo relevante. Estos objetivos se clasifican en objetivos diarios, semanales, mensuales y anuales.

Para obtener un título universitario en 4 años, es necesario investigar opciones financieras, inscribirse en clases, aprobar materias y completar tareas.

Dividir los objetivos a largo plazo en pequeñas secciones ayuda a gestionarlos eficazmente, ya que cada una es un paso hacia la meta final.

Establecer metas a largo plazo para administrar el tiempo de manera más efectiva.

Aprender habilidades de gestión del tiempo implica establecer metas a corto, mediano y largo plazo.

Planificar el cuándo y el cómo alcanzar las metas es un paso clave en el proceso de evaluación.

Construir una casa propia puede ser un objetivo a largo plazo. No es suficiente establecer este objetivo sin más. Para lograr su objetivo, necesita un plan detallado.

Para administrar el tiempo de manera efectiva, establezca fechas límite y haga un plan detallado de los pasos necesarios para alcanzar sus metas.

Planificar implica comprometerse a alcanzar sus metas a largo plazo.

Para construir una casa en los próximos dos años, es necesario detallar todas las tareas necesarias para alcanzar esa meta.

Es crucial fijar plazos más breves para cada etapa de dicho proceso.

Algunos objetivos y plazos podrían ser: terreno en diciembre, planos para marzo, contratistas antes de junio, materiales antes de julio, etc.

Divide objetivos complicados a largo plazo en partes más pequeñas y manejables de esta forma.

Manejo del tiempo en empleo de medio tiempo o prácticas laborales.

Administrar el tiempo en un trabajo a tiempo parcial o prácticas puede ser difícil al tener que equilibrarlo con responsabilidades académicas y personales. Puedes gestionar tu tiempo de manera efectiva en el trabajo utilizando algunas estrategias.

Fija metas y objetivos para tu trabajo, tus responsabilidades académicas y personales. Usa Trello o Todoist para administrar tu tiempo y cumplir objetivos.

Ordena tu lugar de trabajo: Mantener tu espacio limpio y ordenado te ayudará a enfocarte y administrar tu tiempo de manera efectiva.

Aplica técnicas de gestión del tiempo como el Método Pomodoro o la técnica ABC para una gestión eficiente del tiempo laboral.

Incentiva prácticas laborales útiles: Estimula la adopción de rutinas laborales que favorezcan la productividad, como tomar pausas periódicas, establecer límites con las redes sociales y rechazar cargas de trabajo que no son prioritarias o de alta importancia.

Expresa tus límites y necesidades: Comunica claramente tus límites y necesidades a tu supervisor o jefe. Comunica si necesitas más tiempo para estudiar o si tienes otras obligaciones para recibir apoyo en el manejo efectivo de tu tiempo.

Pide ayuda si te agobias con el trabajo o al administrar tu tiempo, solicita asistencia a tu jefe o supervisor. Pueden ayudarte a dividir el trabajo o mejorar tu gestión del tiempo.

Emplea herramientas y tecnología como Google Calendar, Trello o Todoist para gestionar eficazmente tu tiempo laboral. Estas herramientas ayudan a priorizar, establecer metas y mantenerse organizado.

Mantén una comunicación sincera: Habla con tu jefe o supervisor sobre tus objetivos académicos y tareas para lograr una gestión efectiva del tiempo. Crea una rutina diaria que incluya trabajo, estudio y actividades personales para ti. Esto mejorará tu manejo del tiempo y equilibrará trabajo y estudio. Aprende a rechazar compromisos no importantes o que no son una prioridad diciendo "no". Esto te ayudará a manejar tu tiempo de forma eficiente y evitar la carga excesiva de trabajo.

Enhorabuena por terminar el libro. Espero que hayas aprendido a administrar tu tiempo para tener mejor desempeño académico y triunfar en cualquier ámbito. "Es esencial planificar, priorizar, organizar, eliminar distracciones, establecer objetivos, usar tecnología y hábitos de trabajo efectivos". Es vital equilibrar el estudio y la vida personal, controlar el tiempo en situaciones de estrés, involucrar a los padres y administrar el tiempo en el trabajo. No te rindas ante las dificultades, sigue adelante y goza tu vida y estudios al máximo, sabiendo que todos tenemos altibajos.

Una hora enfocada y productiva vale más que cinco horas de trabajo sin enfoque.

Es preferible tener una hora de trabajo enfocado y productivo que cinco horas de trabajo sin enfoque. Muchas veces invertirás mucho tiempo y energía en una tarea o actividad, pero al final no progresarás como deseas.

Esto ocurre frecuentemente en nuestro día a día. Realizamos muchas acciones y perseguimos objetivos, pero al final del día, hemos avanzado muy poco. Hemos dedicado mucho tiempo y energía a actividades que no están generando los resultados deseados.

Por otro lado, está la posibilidad inversa. A veces, invirtiendo solo unas pocas horas en algo, has logrado avances significativos. Has alcanzado mucho. Veremos más adelante el poder de la atención focalizada, tal como lo acabo de llamar.

Necesitas entender que prefiero una hora enfocada de flow a cinco horas de distracción para ser productivo. ¿Por qué? Voy a invertir una hora y lograr

mucho más. Lo crucial que te mencionaré ahora mismo es el sueño. Mucha gente no ha entendido esta contradicción importante. Algunas personas piensan que para ser productivos es necesario trasnochar y dedicar largas horas a sus proyectos personales y profesionales, creyendo que esto es imprescindible para lograr sus objetivos. Dormir más te hace rendir más que trasnochar.
Invertir unas pocas horas enfocado en actividades importantes es mejor que invertir muchas horas sin energía, foco o concentración por la noche sacrificando el sueño.

No se puede manejar el tiempo, debemos organizarnos a nosotros mismos.

No podemos controlar todo nuestro tiempo, es esencial que nos organicemos. No podemos controlar el flujo del tiempo.

Todos tenemos 24 horas al día. Sin embargo, el mismo período de tiempo logra resultados distintos en diferentes personas. No se trata de planificar el tiempo. La gente intenta organizar el tiempo pero es algo imposible de hacer. Es como manipular el clima.

No puedes controlar el clima, pero puedes vestirte acorde a sus condiciones. Para mantenerte caliente cuando hace frío, viste con ropa abrigada como abrigos, bufandas y capas adicionales. Igualmente en un clima cálido.

#6 Tenemos 3 cerebros

El sexto principio de la productividad establece que, como seres humanos, poseemos 3 cerebros y, por lo tanto, a veces realizamos acciones que nos proporcionan placer físico a pesar de ser conscientes de su irracionalidad, lo cual nos genera sentimientos de culpa.

La teoría de Paul Maclean postula que tenemos tres tipos de cerebro. El cerebro reptílico es el primer cerebro que hemos heredado de nuestros ancestros reptiles y se encuentra en el centro.

Eso cubre todo el procesamiento de cosas físicas. La persona responsable de evaluar el sabor de los alimentos, como en el caso de la comida.

A veces comemos algo que sabemos que no deberíamos, utilizando el neocortex, nuestro tercer cerebro. Sabes que no es saludable y no deberías estar consumiéndolo.

El sistema límbico controla las emociones, lo cual puede causar confusión emocional. Me siento bien y mal al mismo tiempo por el placer que estoy experimentando, pero que sé que no es beneficioso para mi salud. Es común que esos tres aspectos aparezcan en nuestra vida.

El aspecto físico, emocional y mental a menudo están en desacuerdo y pueden dar lugar a situaciones como las que he descrito. Esto ocurre tanto en la industria alimentaria como en la productividad de manera evidente.

Las personas saben que estar en las redes sociales es una pérdida de tiempo, pero aún así acceden a Facebook y otros sitios que les distraen. Se sienten bien al ver Facebook y sus amigos, proporcionándoles placer y satisfacción. Se sienten mal al saber que les quita productividad. Eso es lo que debes considerar.

El objetivo principal de este libro es que tengas la capacidad de alinear cada elemento y lograr que trabajen juntos de manera armoniosa.

A veces el problema no es la falta de conocimiento, sino el deseo de ser productivo y hacer lo necesario para lograrlo. La gente sabe qué hacer pero no lo hace; ¿Por qué? Los aspectos emocional y físico están desalineados.

Debemos unir los elementos de nuestro cerebro hacia un mismo objetivo. Compartiremos más adelante unos ejercicios sencillos para lograr esto en nuestra vida.

¿Qué Es Lo Más Significativo?

Seamos realistas. Muchas personas no pueden cumplir todo lo programado en sus agendas en un período de 24 horas. Las personas deben hacer sus actividades en orden de importancia de manera obligatoria.

La priorización abarca 4 grupos de trabajo principales en el arte.

1. Importante y Urgente

No importante, pero urgente.

3. No Urgente pero Importante

4. No se considera relevante ni urgente.

Importante y Urgente

Realizar estas tareas de forma inmediata es crucial para evitar consecuencias negativas. Un caso concreto son las facturas que expiran hoy. No pagar a tiempo tus cuentas puede resultar en cargos extra o la desconexión de tus servicios. Estas actividades de esta categoría requieren acción inmediata. Debe dar prioridad máxima.

Algunas tareas de esta categoría son sencillas y pueden ser delegadas a otra persona, como comprar alimentos para la fiesta de esta noche. Buena noticia. Contratar a alguien adicional es sabio para trabajos manuales. Invierta dinero si el tiempo empleado no tiene un valor mayor. Los adinerados valoran más su tiempo que su dinero.

Urgente pero no importante.

La relevancia de esta actividad varía según la persona. La importancia de una venta depende de si los artículos en venta son necesarios, o si se considera una ocasión especial, urgente o algo que se ha esperado mucho tiempo.

"Para determinar su importancia, analice los efectos negativos de no hacerlo". Si los resultados de no realizar la tarea no le importan, no la haga.

No Urgente pero Importante

Las tareas de esta categoría suelen postergarse, aunque necesitan mayor atención. Esta categoría abarca la planificación, organización y cumplimiento de metas.

Retrasar estas actividades puede llevar a dedicarse a tareas más insignificantes pero aparentemente más urgentes, lo cual es peligroso. Esto tomará más tiempo. En vez de enfocarse en incrementar ventas y disminuir costos, se dedica a entretener a clientes, tarea que puede ser delegada. O podría posponer, (más detalles sobre esto en un próximo capítulo) y darme cuenta después de un tiempo que no he realizado ninguna actividad en esta categoría últimamente.

Estas tareas son prioritarias. No notará las ventajas inmediatamente, pero el esfuerzo invertido en ellas valdrá la pena por los beneficios a largo plazo.

Ni importante ni urgente.

Tal vez no le interesen estas actividades y por eso no quiera participar en ellas. Piénselo bien. La mayoría de las personas gastan su tiempo en actividades poco importantes y no urgentes, por ejemplo, ver televisión o películas, jugar videojuegos, hablar por teléfono o ir de compras.

Es esencial que las personas descansen y se relajen de vez en cuando. Trabajar sin descanso hace aburrido a Jack, como se suele decir. Debe limitar estrictamente su tiempo en estas actividades para alcanzar sus objetivos en la vida.

Priorice las actividades de esta categoría con menor importancia. Para tener éxito, restrinja rigurosamente el tiempo que dedica a esas actividades o simplemente no las haga. Focalizarse en las actividades que generarán resultados positivos.

Técnica de prioridad numerada

Esta técnica es altamente efectiva para gestionar el tiempo de forma eficiente.

Compré una libreta de tamaño de bolsillo. Deberá llevarla a cualquier lugar. Escriba 'Importante y Urgente' en la primera página de la libreta. Escriba en el reverso de la página el título: Importante pero no Urgente.

Si no es importante y solo es urgente, descártelo. ¿Quiere usar su tiempo eficientemente, no es así? Si es importante, clasifíquelo como Importante y Urgente. Ignora tareas no importantes ni urgentes.

Registre en la página adecuada todo lo que surja durante su día laboral o en su mente. Supongamos que su superior le pidió presentar un informe mañana. Escríbalo en su libreta como Importante y Urgente. Luego, el amigo informa de una venta de 2 días en la tienda de muebles de la ciudad. Puede clasificarlo como Importante y Urgente si desea adquirir el mobiliario que ha deseado por varios meses. No lo anote si cree que puede prescindir de él. Caminando por la calle, tiene una excelente idea para su negocio de medio tiempo. Puede categorizarlo como importante pero no urgente.

Registre cualquier idea, pensamiento o evento que surja durante el día. Conforme la lista aumenta en cada categoría, asigne un número a cada elemento según su prioridad, comenzando por el número 1 para el más importante. Comience por el Número 1 de cada categoría y no avance al Número 2 hasta terminar con el primero. Ante las distracciones, ocúpate de ellas antes de continuar, pero vuelve a tu lista numerada cuando acabes.

Puede reordenar los números de la lista al cambiar las prioridades. Puede mover elementos de Importante y Urgente a Importante mas no Urgente, y al revés. Cuando haga cambios, mantenga su libreta ordenada. Cambie de página si sus escritos están desordenados. Emplee una hoja en blanco diariamente.

Con este método, puede lograr en una semana lo que otros tardan un mes en lograr. Compra la libreta y utiliza la técnica inmediatamente. El tiempo vuela.

Vencer la procrastinación y usar la fuerza de voluntad para motivarse y actuar.

Alguien podría postergar algo ocasionalmente. Eso es procrastinación situacional. Si sigue haciéndolo constantemente, es un procrastinador crónico. No hay buena procrastinación, pero se pueden superar de manera similar.

¿Qué causa la procrastinación? A veces lo hacen por sentirse impotentes ante cosas fuera de su control. Puede ser por un suceso imprevisto o por una pérdida de confianza en sí mismo. Lo que hace que alguien sea un procrastinador es tener un conflicto entre hacer algo que saben que deben hacer y esperar hasta otro día para hacerlo.

Para combatir la procrastinación, hay que recuperar el control de la situación. No hacerlo resulta en ser una víctima. No deje que sus emociones lo dominen. Para lograrlo, es necesario conocer algunas verdades fundamentales.

1. Debe comprender la situación y obtener la información necesaria para manejar cualquier eventualidad.

2. Siempre se puede modificar la opinión.

3. Reduzca la complejidad desglosando en conceptos básicos.

4. Actúe cuando sea necesario. Cada persona debe ser responsable de sus propios sentimientos para encontrar energía, propósito y confianza.

Manténgase tranquilo en cualquier situación, respire hondo, tome medidas adecuadas y siéntase feliz de haber mantenido la compostura. Aquí hay una manera práctica de aplicar estas cuatro verdades.

Realice una agenda diaria de actividades a completar.

Los indecisos perpetuos suelen actuar impulsivamente y desorganizadamente. Escribir una lista de prioridades ayuda a tener control sobre las tareas diarias si se toma el tiempo necesario. Un broche de oro en su pluma podría motivarlo a terminar la lista en vez de abandonarla, al hacerle sentir más poder y logro.

Verifique que escriba correctamente esta lista. No es eficaz hacer una lista mental, ya que no permite verificar el cumplimiento de cada punto uno por uno. Anótalos y colócalos en la nevera para óptimos resultados.

La elaboración de una lista de tareas ayuda a comprender la situación y proporciona la información necesaria para enfrentarla. La lista ayuda a comprender y los elementos que la conforman son los datos necesarios para abordarla.

Siempre es posible cambiar de opinión. Significa que tiene el control del primer elemento de su lista y que está en última prioridad. También se puede alterar la secuencia si se requiere.

Reducir la tercera verdad a sus elementos fundamentales. Puede detallar las tareas de su lista para saber qué debe hacer para completarlas.

La cuarta verdad es actuar cuando es preciso. Termina una tarea y comienza con la siguiente de la lista.

Siga este método para mejorar su sentido de propósito al hacer listas. No se estresará tanto y tendrá un mejor control de la situación. Eso reducirá su tendencia a posponer las cosas.

Hacer una lista de tareas ayuda a canalizar la fuerza de voluntad y obtener motivación para actuar.

6. Mejorar la productividad de grupos y equipos, según Google

Frecuentemente, trabajaremos en equipo. No es necesario investigar mucho para utilizar las estrategias más efectivas y mejorar la productividad de los equipos y otras personas. No hace falta invertir tiempo ni dinero en buscar la respuesta verdadera, ya que Google ya lo hizo. Podemos aprovechar lo descubierto en los experimentos.

Es curioso que a pesar de ser información clave para aumentar la productividad de grupos y equipos, es muy poco conocida.

Laszlo Bock ocupa el cargo de VP de Operaciones y Personas en Google. Sus objetivos son la felicidad y la productividad, ya que ambas están estrechamente ligadas.

Google y otras grandes tecnológicas enfrentan el problema de la alta rotación de personal. Los fichajes y cambios de barco son frecuentes y suponen grandes costos.

Intentan retener a las personas y descubrir qué les mantiene satisfechas.

Los experimentos del Oxígeno y Aristóteles.

Durante el mandato de Bock, Google ejecutó dos grandes pruebas de productividad nombradas Oxygen y Aristotle.

Oxygen cuestionó la necesidad de gerentes y mandos, mientras que Aristotle buscaba responder una pregunta más relevante.

¿Cómo lograr que los grupos trabajen de forma más eficiente y satisfactoria?

Se estudiaron 200 equipos de cada rincón y país en Google.

Los equipos estudiados incluyeron áreas diversas como marketing, finanzas, programación e ingeniería.

Los sorprendentes hallazgos de productividad de estos experimentos.

Las conclusiones del proyecto Aristóteles difirieron de investigaciones académicas, sabiduría general y otros consejos extendidos sobre el tema.

Esos estudios y la sabiduría popular coinciden en que es mejor tomar decisiones en equipo por consenso en lugar de hacerlo de manera jerárquica. También destacaban la relevancia de la carga laboral para la eficiencia y bienestar.

En última instancia, son dos ideas lógicas.

Google concluyó que las cosas aparentemente importantes no se encuentran entre las 5 principales para la efectividad de los equipos.

La importancia de la seguridad psicológica.

Google prefería los equipos que brindaban un ambiente seguro psicológicamente. ¿Qué quiere decir esto?

Que todos en el equipo tengan la oportunidad de hablar y recibir una escucha activa.

Además, el resto del grupo brinda un apoyo real si se falla, sin culpar a nadie por ello.

Los equipos más felices y productivos eran aquellos con una mayor puntuación en seguridad psicológica.

www.ingramcontent.com/pod-product-compliance
Lightning Source LLC
Chambersburg PA
CBHW050251120526
44590CB00016B/2300